まちごとチャイナ

Liaoning 006 Shenyang

はじめての瀋陽

「マンチュリア」最大の都市へ

Asia City Guide Production

【白地図】瀋陽

CHINA
遼寧省

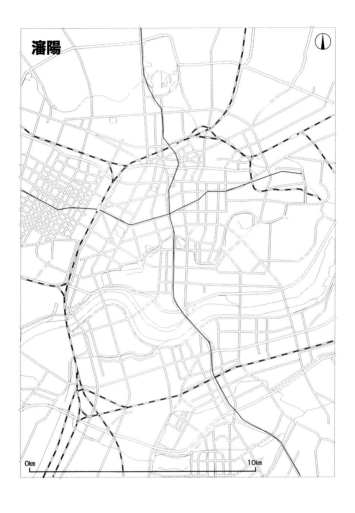

【白地図】瀋陽故宮

CHINA
遼寧省

瀋陽故宮

Shenyang | 白地図

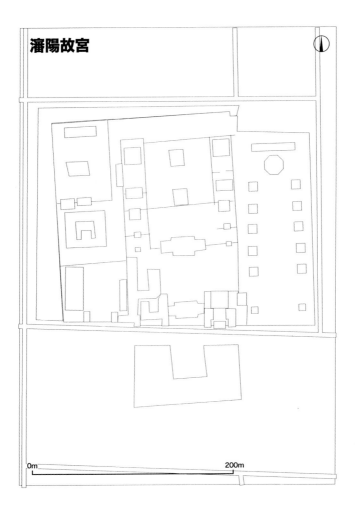

【白地図】瀋陽中心部

CHINA
遼寧省

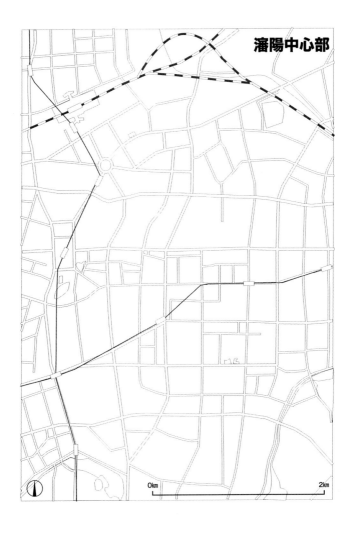

【白地図】市府広場

CHINA
遼寧省

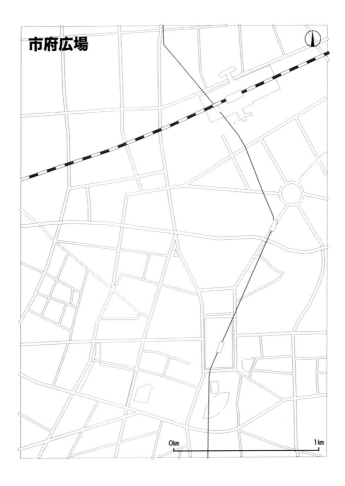

市府広場

Shenyang 白地図

【白地図】旧満鉄附属地

CHINA
遼寧省

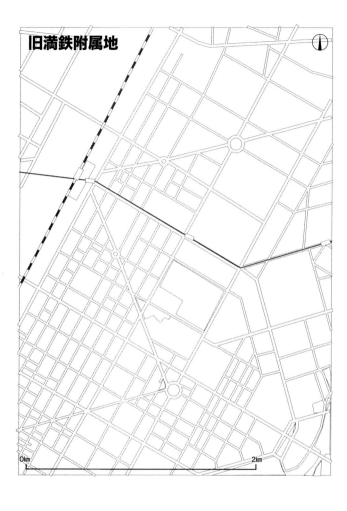

【白地図】西塔街

CHINA
遼寧省

西塔街

Shenyang 白地図

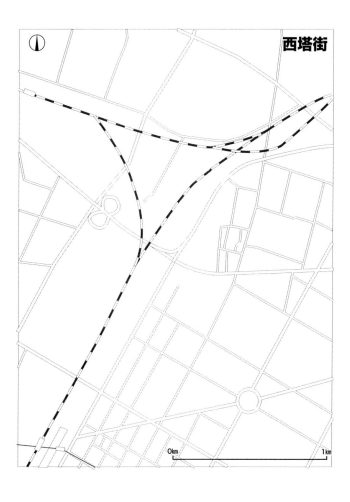

【白地図】瀋陽南部

CHINA
遼寧省

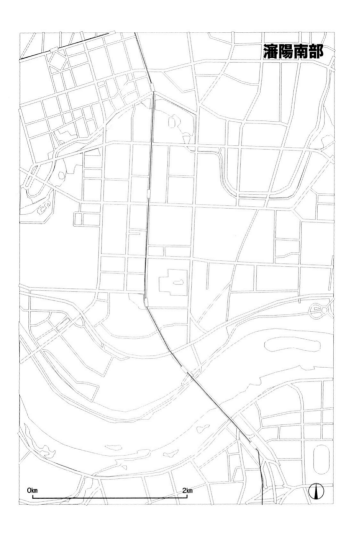

瀋陽南部 Shenyang 白地図

【白地図】瀋陽北部

CHINA
遼寧省

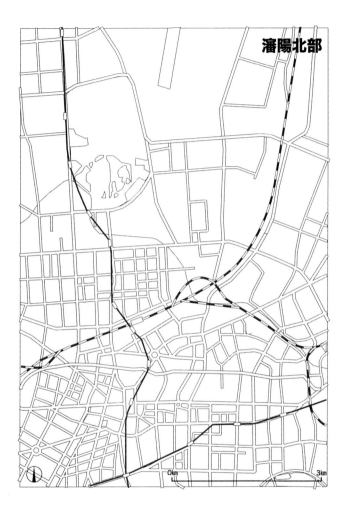

【白地図】瀋陽東部

CHINA
遼寧省

瀋陽東部

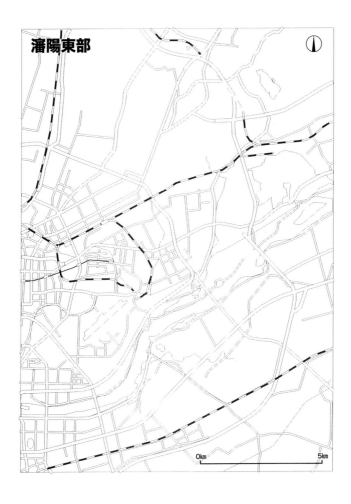

【まちごとチャイナ】
遼寧省 001 はじめての遼寧省
遼寧省 002 はじめての大連
遼寧省 003 大連市街
遼寧省 004 旅順
遼寧省 005 金州新区
遼寧省 006 はじめての瀋陽
遼寧省 007 瀋陽故宮と旧市街
遼寧省 008 瀋陽駅と市街地
遼寧省 009 北陵と瀋陽郊外
遼寧省 010 撫順

CHINA
遼寧省

　遼寧省の省都である瀋陽は東北地方最大の都市で、中国でも有数の人口規模を誇る。この街は1644年の北京遷都以前に清朝の都がおかれていた故地として知られ、瀋陽故宮とふたつの皇帝墓陵が世界遺産に指定されている。

　こうしたところから清代には北京に準ずる格式をもち、「盛京」「奉天府」といった名前で呼ばれていた。また1904～05年の日露戦争以後、日本が満州に進出すると奉天の名前で親しまれ、1931年、瀋陽郊外の柳条湖で満州事変が勃発するなど日本と深い関係をもっている。

Shen Yang
はじめての瀋陽
沈阳 shěn yáng シェンヤン

　現在、瀋陽を中心に製鉄の鞍山、石炭の撫順など原材料を豊富に供給する遼寧中部都市群は、中国有数の重工業地帯として瀋陽経済圏を形成している。

【まちごとチャイナ】

遼寧省 006 はじめての瀋陽

目次

はじめての瀋陽 ………………………………………… xx

清朝古都から経済都市へ ……………………………… xxvi

旧市街城市案内 ………………………………………… xxxiii

新市街城市案内 ………………………………………… li

瀋陽郊外城市案内 ……………………………………… lxii

城市のうつりかわり …………………………………… lxxiv

【MEMO】

【地図】瀋陽

【地図】瀋陽の [★★★]
- ☐ 瀋陽故宮博物院 沈阳故宫博物院
  グゥゴォンボォウゥユウェン
- ☐ 昭陵（北陵）昭陵チャオリン
- ☐ 九・一八歴史博物館 九一八历史博物馆
  ジュウイィバァリィシイボォウグァン

【地図】瀋陽の [★★☆]
- ☐ 中街 中街チョンジエ
- ☐ 瀋陽（南）駅 沈阳南站シェンヤンナンチャン

【地図】瀋陽の [★☆☆]
- ☐ 市府広場 市府广场シイフウガァンチャン
- ☐ 太原街 太原街タイユゥエンジエ
- ☐ 鉄西地区 铁西区ティエシィチュウ
- ☐ 市街南部 城南方チャンシィナンファン
- ☐ 瀋陽鉄路陳列館 沈阳铁路蒸汽机车陈列馆
  シェンヤンティエルゥチェンチイジィチャァチェンリエグァン

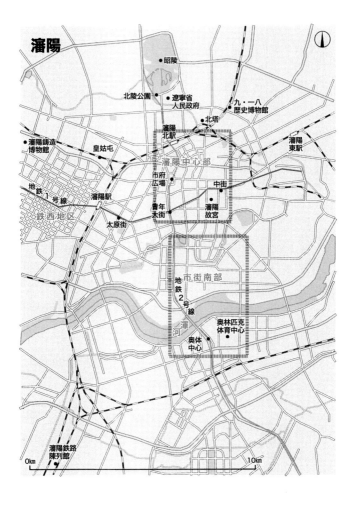

清朝古都から経済都市へ

CHINA
遼寧省

かつて満州と呼ばれていた東北三省
瀋陽はそのなかで最大の人口を誇り
政治、文化、経済の中心地となっている

東北最大の都市

港湾都市の大連に対して、瀋陽は大連から370km内陸に位置し、戦前から重工業が発達した遼寧省の中心地として知られている。この街から鉄道が放射状に伸び、首都北京や北朝鮮に隣接する丹東、吉林省などの内陸へと続いている。1949年の中華人民共和国成立以後、計画経済のもと中国全体を牽引していたが、やがて改革開放に遅れて20世紀末には地位を低下させていた。こうしたなか、21世紀に入って次々と開発区が整備され、珠江デルタ、長江デルタ、環渤海湾経済圏に続く瀋陽経済圏が注目されている。

▲左　旧商埠地に立つ旧奉天郵務管理局、近代建築も多く残る。　▲右　皇帝ホンタイジの眠る北陵、黄色の瑠璃瓦が映える

清朝発祥の地

現在に続く瀋陽の地位が確立されたのは、1625年に清の太祖ヌルハチが都に定めてからで、以後、北京遷都まで清朝の都がおかれていた（ヌルハチは瀋陽東部の新賓満族自治県で生まれた）。そのため街には北京とならんで故宮や正方形の街区が残り、王朝文化を今に伝える貴重な街となっている。清代、この街は「ムクデン（盛んなる都）」「奉天（天帝の命を奉ずる都）」といった名前で呼ばれ、康熙帝や乾隆帝といった歴代皇帝はたびたび北京から東巡した。こうした街の発展は清朝滅亡後、20世紀初頭の軍閥張作霖、日本の満洲国時

遼寧省

代も受け継がれた。

街の構造瀋陽の都市空間

瀋陽は故宮を中心とする清朝以来の旧市街（旧奉天城）と、瀋陽（南）駅の東側に広がる旧満鉄付属地、両者のあいだに20世紀初頭につくられた旧商埠地を中心とする。そこから1920年代に軍閥張作霖によって瀋陽駅北側の地域が開発され、また瀋陽（南）駅の西側は1930年代に満州国のもと開発が進んだ。清朝第2代皇帝ホンタイジの廟は、もともと北郊外に位置したが、満州事変の発端となった柳条湖とともに

▲左　瀋陽は遼寧省の省都、瀋陽北駅前の様子。　▲右　市府広場周辺には巨大公共施設がならぶ

今では市街と一体化している。また21世紀に入って、こうした瀋陽市街をとり囲むように、東西南北に棋盤山風景区、瀋西工業回廊、渾南新区、瀋北新区といった新たな区域の開発が進んでいる。

【MEMO】

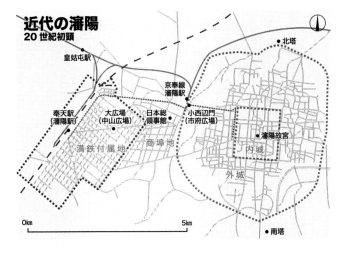

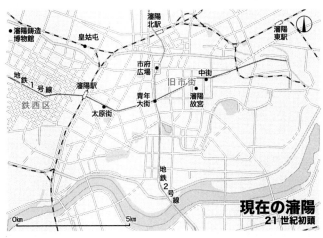

Shenyang 清朝古都から経済都市へ

【MEMO】

CHINA
遼寧省

Guide,
Lao Shen Yang
旧市街
城市案内

清代、瀋陽の街は故宮を中心に
正方形の内城、その外側に楕円形の外城がおかれていた
外城の西門にあたる小西辺門が今の市府広場にあたる

瀋陽故宮博物院 沈阳故宫博物院
gù gōng bó wù yuàn
グゥウゴォンボォウゥユゥェン ［★★★］

故宮と呼ばれる場所は3つあり、ひとつは明清王朝の皇帝が暮らした北京の故宮博物院、ひとつは20世紀の国共内戦のさなか北京故宮の宝物をもち出し、それを展示した台湾の故宮博物院、最後のひとつが北京遷都以前の清朝が宮廷をおいた瀋陽の故宮博物院。瀋陽の故宮博物院は北京のそれとくらべてこぢんまりとしていて、満州族や蒙古族といったこの地方独特の文化が色濃く残ることを特徴とする（北京故宮と

【地図】瀋陽故宮

【地図】瀋陽故宮の [★★★]
- □ 瀋陽故宮博物院 沈阳故宫博物院
  グゥゴォンボォウゥユゥェン

【地図】瀋陽故宮の [★★☆]
- □ 中路 中路チョンルゥ
- □ 東路 东路ドンルゥ

【地図】瀋陽故宮の [★☆☆]
- □ 西路 西路シィルゥ

CHINA
遼寧省

違って、扁額には満州文字がより優位な左に、漢字が右に配されている)。1625年、瀋陽に都を定めた太祖ヌルハチによる東路、続くホンタイジによる中路、また北京遷都以後の第6代乾隆帝の時代に西路が整備された。

中路 中路 zhōng lù チョンルゥ [★★☆]

瀋陽故宮の中核をなすのが中路で、正門にあたる大清門から、正殿の崇政殿、三層の華麗なたたずまいを見せる鳳凰楼、後宮にあたる清寧宮へと軸線上に建物がならぶ。こうした建物には、オンドル（床暖房）やシャーマニズムに通じる神杵（鳥

▲左　清朝を支えた軍団、八旗、それぞれの旗のもとに集う。　▲右　瀋陽故宮東路の大政殿

のとまり木）といった北方民族特有の様式を残している。ここで1636年、ホンタイジは満州族、モンゴル族、漢族に推挙され、皇帝に即位し、大清国を樹立した（ヌルハチ時代は後金だった）。この中路の前面は皇帝が政務をとり、各部族長や有力者などとも面会する場であった。

東路 东路 dōng lù ドンルゥ ［★★☆］

瀋陽東路は撫順東の赫図阿拉城（ホトアラ城）から挙兵し、1619年、明の大軍をサルフの戦いで破ったヌルハチが1625年に拠点をおいたところ。遊牧民のテントのような八角形の

CHINA
遼寧省

プランをもつ大政殿の前に、ヌルハチの軍団(左右翼王と八旗)の十王亭がずらりとならぶ。ここは瀋陽故宮でもっとも古い部分で、狩猟民の要素が建物の構成に反映されているという

西路 西路 xī lù シィルゥ ［★☆☆］
西路は北京から祖先発祥の地に東巡してきた清朝第6代乾隆帝(18世紀)が整備させたところで、北京の故宮に近い様式をもつ。乾隆帝の時代に編纂された四庫全書の写本のひとつが文溯閣におかれていた。

▲左　瀋陽故宮屈指の高さをもつ鳳凰楼。　▲右　中街は瀋陽随一の目抜き通り

中街 中街 zhōng jiē チョンジエ［★★☆］

瀋陽随一のにぎわいを見せ、夜遅くまで多くの人が行き交う中街。1627年、瀋陽の旧市街が「井」の字型に整備されて以来の伝統をもち、また20世紀初頭に建てられた旧吉順糸房などの中華バロック（西欧風）建築も多く残る。

【地図】瀋陽中心部

【地図】瀋陽中心部の [★★★]
- [ ] 瀋陽故宮博物院 沈阳故宫博物院
  グゥウゴォンボォウゥユゥェン

【地図】瀋陽中心部の [★★☆]
- [ ] 中街 中街 チョンジエ
- [ ] 張氏帥府博物館 张氏帅府博物馆
  チャンシィシュァイフゥボォウゥグァン
- [ ] 遼寧省博物館 辽宁省博物馆
  リャオニンシェンボォウゥグァン

【地図】瀋陽中心部の [★☆☆]
- [ ] 瀋陽天主教堂 沈阳天主教堂
  シェンヤンティエンチュウジャオタン
- [ ] 太清宮 太清宫 タイチンゴン
- [ ] 回民街 回民街 huí mín jiē フイミンジエ
- [ ] 市府広場 市府广场 シイフウガァンチャン

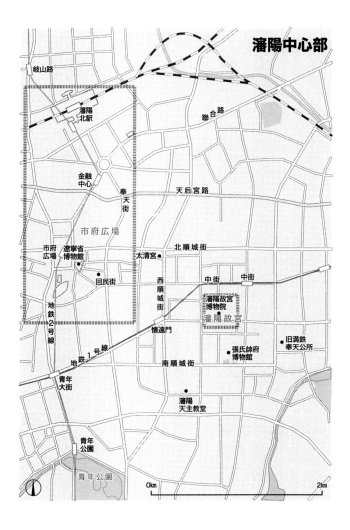

CHINA
遼寧省

張氏帥府博物館 张氏帅府博物馆
zhāng shì shuài fǔ bó wù guǎn
チャンシィシュァイフゥボォウゥグァン [★★☆]

20世紀初頭、清朝に代わって東北三省の実権を握った奉天軍閥の邸宅がおかれていた張氏帥府博物館。馬賊を出身とする張作霖は日本の援助のもと奉天軍をひきいて勢力を広げ、1927年には北京に入城して大元帥を称した。1928年、蒋介石による北伐を受けて、瀋陽へひき返す途中、皇姑屯で日本軍に爆殺され、この張氏帥府に運び込まれたのち息絶えた。中国の伝統的な四合院の様式をもつ中院、中華バロックと呼

▲左　瀋陽を代表するキリスト教会、瀋陽天主教堂。　▲右　大青楼は中華バロックの代表作、張氏帥府博物館にて

ばれる3階建て西欧風建築の大青楼などからなり、現在は張作霖とその息子張学良にまつわる資料が展示されている。

瀋陽天主教堂 沈阳天主教堂 shěn yáng tiān zhǔ jiāo táng
シェンヤンティエンチュウジャオタン [★☆☆]

高さ40m、1000人が同時に礼拝できるという巨大な瀋陽天主教堂。この教会が旧内城の外側に位置するのは、内城に暮らす人々から西欧人を隔離する目的があったことにちなむ（1838年から瀋陽でもキリスト教の布教がはじまった）。

太清宮 太清宫 tài qīng gōng タイチンゴン ［★☆☆］
清代の1663年に建立された道教寺院、太清宮。道教は儒教、仏教とならぶ中国三大宗教のひとつで、小規模ながら中国古来の様式で建物が配置されている。

回民街 回民街 huí mín jiē フイミンジエ ［★☆☆］
イスラム教徒の回族が集住する回民街。集団礼拝が行なわれる清真南寺や回族料理をふるまう店舗が見られる。

遼寧省博物館 辽宁省博物馆 liáo níng shěng bó wù guǎn
リャオニンシェンボォウグァン［★★☆］

貨幣、陶磁器、刺繍、彫刻、青銅器、渤海の遺物、明清代の玉器などが展示された遼寧省博物館。今から 7200 年前にさかのぼる新楽遺跡（瀋陽）からの出土品、唐代の周昉之の美人画『簪花仕女図』、マテオ・リッチによる『両儀玄覧図』といった品が展示されている。

【地図】市府広場

【地図】市府広場の ［★★☆］
- [ ] 遼寧省博物館 辽宁省博物馆 リャオニンシェンボォウゥグァン

【地図】市府広場の ［★☆☆］
- [ ] 回民街 回民街 フイミンジエ
- [ ] 市府広場 市府广场 シィフウガァンチャン
- [ ] 実勝寺 实胜寺 シィシェンスー

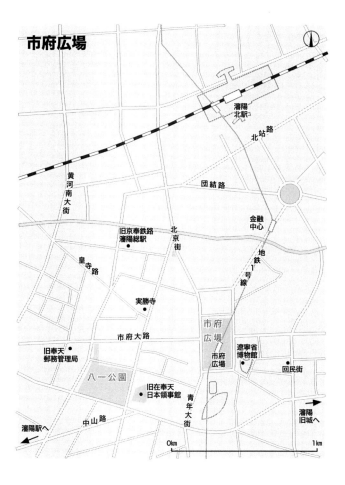

遼寧省

市府広場 市府广场
shì fǔ guǎng chǎng シイフウガァンチャン [★☆☆]
瀋陽市街のちょうど中心にあたる市府広場。あたりには政府関係の建物、また国際会議場や文化センターなどの巨大建築がならぶ。

実勝寺 实胜寺 **shí shèng sì シィシェンスー** [★☆☆]
実勝寺は1636年の清朝時代からの伝統をもつチベット仏教寺院。黄金の瑠璃瓦でふかれた屋根をもち、伽藍内部ではタルチョがはためく。

【MEMO】

CHINA
遼寧省

Guide,
Xin Shen Yang
新市街
城市案内

瀋陽の街は故宮のある旧市街から西へ拡大していった
日本の満鉄によって開発された瀋陽駅前の街区
また南運河から渾河のあいだは新市街となっている

瀋陽（南）駅 沈阳南站
shěn yáng nán zhàn シェンヤンナンチャン ［★★☆］

東京駅を彷彿とさせる赤レンガの壁面をもつ瀋陽駅。1910年、日露戦争で鉄道とその周囲の付属地を受けついだ日本の満鉄によって建てられたもので、辰野式と呼ばれる当時流行した様式となっている（瀋陽駅が東京駅に似ているのに対し、大連駅は上野駅に似た外観をもつ）。

【地図】旧満鉄附属地

【地図】旧満鉄附属地の [★★☆]
- [ ] 瀋陽（南）駅 沈阳南站 シェンヤンナンチャン
- [ ] 中山広場 中山广场 チョンシャングァンチャン
- [ ] 西塔街 西塔街 シイタァジエ

【地図】旧満鉄附属地の [★☆☆]
- [ ] 太原街 太原街 タイユゥエンジエ
- [ ] 鉄西地区 铁西区 ティエシィチュウ

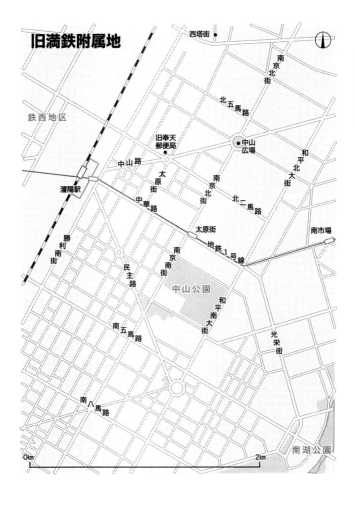

【地図】西塔街

【地図】西塔街の [★★☆]
- [ ] 西塔街 西塔街シイタァジエ
- [ ] 瀋陽（南）駅 沈阳南站シェンヤンナンチャン
- [ ] 中山広場 中山广场チョンシャングァンチャン

【地図】西塔街の [★☆☆]
- [ ] 太原街 太原街タイユゥエンジエ

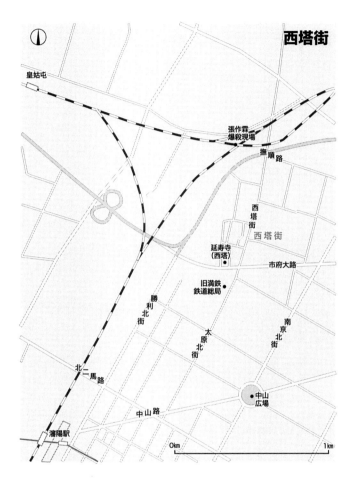

遼寧省

太原街 太原街 tài yuán jiē タイユゥエンジエ ［★☆☆］
瀋陽駅前を南北に走る太原街は、この街の目抜き通り。日本統治時代に整備され、現在では大型店舗が軒を連ねている。

中山広場 中山广场 zhōng shān guǎng chǎng
チョンシャングァンチャン ［★★☆］
瀋陽駅から斜めに伸びる中山路の先に広がる円形の中山広場。迎賓館の役割を果たしていた旧ヤマトホテル、鉄道や炭鉱の開発のための資金を貸しつけた旧横浜正金銀行、日本人や朝鮮人の移民、開墾の手配を行なった旧東洋拓殖株式会社

▲左　東京駅と似た外観の瀋陽駅、日本人による設計。　▲右　満鉄初代総裁後藤新平の意向が働いた旧ヤマトホテル

など1920年代に日本人建築家によって建てられた建物がずらりとならぶ。1949年の中華人民共和国成立以後、毛沢東像が建てられた。

西塔街 西塔街 xī tǎ jiē シイタァジエ ［★★☆］

韓国・朝鮮の人々が集まって暮らすコリアタウン、西塔街。瀋陽旧市街を囲む4つの塔のうち、西のものがあるため、西塔の名前で呼ばれている。ハングル文字や北朝鮮国旗を思わせる看板を出す店がならび、雑穀の入ったおかゆなど韓国・朝鮮料理を味わうことができる。この西塔街には、満州国時

遼寧省

代の1930年に日本の政策で移住することになった人々の子孫も多く、満鉄附属地よりもインフラ環境が劣るこの地を住居とした。

鉄西地区 铁西区 tiě xī qū ティエシィチュウ ［★☆☆］
満州国が統治する1930年代に重工業地帯として開発された歴史をもつ鉄西地区（満州を農業国から工業国へと成長させる試みがなされた）。黒煙を吐き出す姿は瀋陽を象徴する光景と知られ、瀋陽鋳造博物館や1928年、張作霖が日本軍に爆殺された皇姑屯も位置する。また現在、鉄西地区は鉄西新

▲左　瀋陽駅前にはかつて多くの日本人が暮らした。　▲右　瀋陽のコリアタウン、西塔街

区として再編成され、研究所や企業が拠点とする瀋西工業回廊の開発が進められている。

市街南部 城市南方
chéng shì nán fāng チャンシィナンファン [★☆☆]

瀋陽市街南部には、高さ305.5mの遼寧広播電視塔がそびえ、あたりは緑地が確保された新市街となっている。遼寧工業展覧館、瀋陽科学宮、瀋陽図書館や瀋陽奥林匹克体育中心体育場といった大型施設も多く見られるほか、渾河の南は渾南新区として急速に発展を見せている。

【地図】瀋陽南部の [★☆☆]
- 市街南部 城市南方 チャンシィナンファン

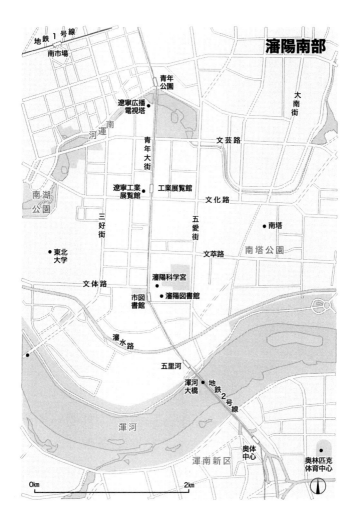

Guide, Shen Yang Jiao Qu
瀋陽郊外城市案内

CHINA
遼寧省

清の太祖ヌルハチの眠る福陵（東陵）
第2代ホンタイジの昭陵（北陵）
満州事変の勃発した地点には九・一八歴史博物館が立つ

昭陵（北陵）昭陵 zhāo líng チャオリン ［★★★］

北陵公園の奥に展開する清朝第2代皇帝ホンタイジの霊廟、昭陵。太祖ヌルハチのあとを受けて即位したホンタイジは、1636年に満州族、モンゴル族、漢族をおさめて清朝を樹立し、皇帝の独裁権を強めた。この昭陵は、万里の長城の外にある関外三陵のなかでもっとも完全なたたずまいを残していると言われ、皇帝を意味する黄金の瑠璃瓦でふかれた建物が軸線上にならぶ（もっとも奥にホンタイジとその皇后ボアルジジトが眠る）。1651年に完成し、現在は世界遺産に指定されている。

Shenyang 瀋陽郊外城市案内

満州族による王朝

明代、満州族は撫順東の山間に暮らしていた。太祖ヌルハチが挙兵したときは、満州族の部族制を色濃く残す集団だったが、第2代ホンタイジの時代に皇帝を中心とする支配体制が確立された(現在の瀋陽旧市街の街区は、このホンタイジの時代に整備された)。満州族を中心にモンゴル族、漢族をその臣下にとり囲んで、万里の長城の外側の一大勢力となった清朝は、瀋陽故宮で即位した第3代順治帝の時代(1644年)に北京に入城し、以後、北京に都がおかれることになった。

【地図】瀋陽北部

【地図】瀋陽北部の [★★★]
- ☐ 昭陵（北陵）昭陵チャオリン
- ☐ 九・一八歴史博物館 九一八历史博物馆 ジュウイィバァリィシイボォウゥグァン

【地図】瀋陽北部の [★★☆]
- ☐ 中街 中街 チョンジエ

【地図】瀋陽北部の [★☆☆]
- ☐ 市府広場 市府广场 シイフウガァンチャン

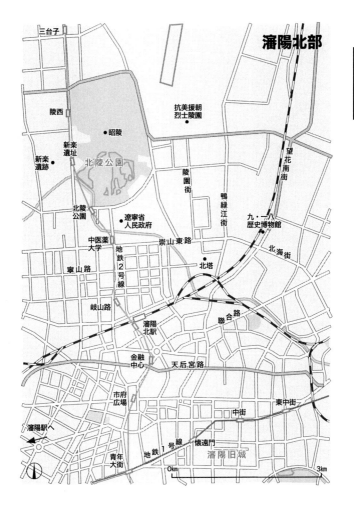

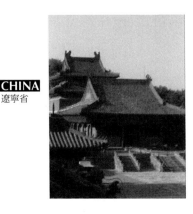

▲左　世界遺産にも指定されている昭陵（北陵）。　▲右　満洲事変が勃発した地に立つ巨大な碑

九・一八歴史博物館 九一八历史博物馆
jiǔ yī bā lì shǐ bó wù guǎn
ジュウィィバァリィシイボォウゥグァン［★★★］

1931年9月18日、日本の関東軍によってこの地の満鉄線が爆破され、それを中国軍のしわざにして軍事行動を開始した満州事変。九・一八歴史博物館では、満州事変から翌年の日本の傀儡政権である満州国建国にいたる歴史が紹介されている。日本の関東軍が瀋陽にいたのは、1905年、日露戦争後のポーツマス条約でロシアから権益をひき継ぎ、南満州鉄道とその付属地（および関東州）の警護にあたる軍の配置を認

【MEMO】

【地図】瀋陽東部の [★★☆]
- 福陵（東陵）福陵 fú líng フゥウリン

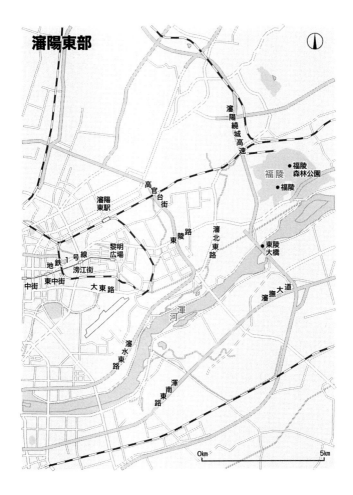

められていたことによる。かつてここは柳条湖と呼ばれ、瀋陽郊外に位置したが、今では市街と一体化している。

福陵（東陵）福陵 fú líng フゥウリン［★★☆］

瀋陽市外から東に 11km 離れた福陵。天柱山を背後に、渾河を前にした風水上の要地に位置する。明代末期、ヌルハチは撫順東の新賓満族自治県から満州族をひきいて挙兵した清の太祖ヌルハチと皇后のイェヘナラがまつられている。この福陵は 1651 年に完成し、満州文字を中心に左右に漢字とモンゴル字が記された扁額が見られるところを特徴とする（満州

▲左　清朝初代皇帝ヌルハチをまつる福陵（東陵）。　▲右　陵墓内を移動するカート

族の地位がより高い）。あたりは自然の地形を利用した公園となっている。

ヌルハチの遼東進出

明代、瀋陽東の撫順は異民族統治の拠点となっていて、その東側には辺墻と呼ばれる万里の長城が走っていた（漢族と外側の満州族をわけた）。1619年、サルフの戦いで明の大軍を撃破したヌルハチは遼東平野へ進出し、遼陽、そして1625年、モンゴル、漢族の北京、朝鮮への地の利がある瀋陽に都を構えることになった。

遼寧省

瀋陽鉄路陳列館 沈阳铁路蒸汽机车陈列馆
shěn yáng tiě lù zhēng qì jī chē chén liè guǎn シェンヤンティエルゥチェンチイジィチャァチェンリエグァン[★☆☆]

瀋陽南郊外の蘇家屯に位置し、アメリカ、日本、ロシア、ドイツ製などの蒸気機関車が展示された瀋陽鉄路陳列館。とくに1934年に運行を開始し、最高速度110キロで走った満鉄によるあじあ号を牽引したパシナ形が注目される。

城市のうつりかわり

CHINA 遼寧省

古く瀋水と呼ばれた渾河の陽(北)側に広がる地
1625年に清の太祖ヌルハチが都をおいて以来
清朝、軍閥張作霖、満洲国時代へと発展が続いた

古代「候城」

今から7200年前の住居跡が新楽遺跡から見つかり、古くから瀋陽の地で人類の営みがあったことはわかっている。春秋戦国時代(前770〜前221年)、燕が北方民族の雑居する東北地方に進出して遼陽に拠点がおかれ、その北の瀋陽には軍事拠点があった。この要塞は候城と呼ばれ、前漢の時代にも候城の名前が確認できる。当時、瀋陽はモンゴルや満州に雑居する諸民族への前線基地となっていた。

南北朝から唐「玄菟城」

後漢（25～220年）以後、漢族の東北進出は後退し、瀋陽は高句麗（前1世紀後半～668年）の勢力下に入るようになった（遼河を境に中国王朝との対立が続き、遼河にそって高句麗の城壁が築かれていた）。遼東地方最大の街は遼陽にあり、瀋陽近くの撫順にも山城である新城が築かれていた。隋の煬帝は遼河を越えて高句麗を攻めたが失敗し、その後、唐（618～907年）の太宗によって高句麗は滅亡した。唐の支配が東北地方に広がるなか、高句麗遺民は渤海を建国している。この時代、瀋陽は玄菟城の名前で呼ばれていた。

CHINA
遼寧省

遼金「瀋州」

中国王朝は唐から宋（960～1279年）に遷ったが、北京や東北地方はモンゴル族の遼の勢力下に入った。926年、遼は渤海を滅ぼし、人々を瀋陽近くに移住させ、瀋州の名前がこのときはじめて使われた（渤海の人々の故郷の地名からとられたという）。また1116年、黒竜江省で起こった女真族の金が遼から瀋州を奪い、華北へ勢力を広げた。遼金時代の中心は遼陽にあったが、金代になると南北の交易路として瀋陽の価値が高まっていた。

▲左　黄色の瑠璃瓦が空に映える。　▲右　満州文字と漢字がならぶ、瀋陽故宮にて

元「瀋陽路」

1234年、モンゴル族は金を滅ぼし、1271年、北京を都に元が樹立された。瀋陽の名前は元代の1297年にはじめて見られ、瀋水と呼ばれた渾河の陽（川を南におく中国の風水上の考え）に位置することにちなむ。元代、その領土はユーラシア大陸全域におよび、とくに瀋陽は元の属国となった高麗と北京を結ぶ地にあたった。こうして瀋陽の行政都市としての地位があがり、この街は瀋陽路と呼ばれるようになった（元に服属した高麗の軍民が多く居住した）。

CHINA
遼寧省

明「瀋陽中衛」

1368年、元を破った明は東北に進出し、遼陽に東北支配の拠点がおかれた（唐以来、漢族を中心の王朝支配が及んだ）。このとき瀋陽には遼東の中心遼陽北の軍事拠点として、瀋陽中衛がおかれた。モンゴル族（北元）はなおモンゴル高原で力をもっていたため、明は南満州経営を重視し、辺墻と呼ばれる万里の長城を築いて異民族を隔離した（周辺の民族に地位をあたえて懐柔政策をとった）。この辺墻は撫順の東を走り、その外側で女真族は力をつけ、建州女真のヌルハチは1618年、明に対して挙兵した。

Shenyang 城市のうつりかわり

清朝「盛京・奉天府」

挙兵したヌルハチは1619年にサルフの戦いで明軍を破って遼東平野に進出し、1625年、瀋陽に都を構えた。ヌルハチ時代は明代の街をそのまま利用したものだったが、続く第2代ホンタイジは街区を整備し、盛京（ムクデン）と名づけられた。1644年、北京に遷都されたあとも、瀋陽は北京に準ずる陪都として中国本土とは異なる盛京将軍による軍政が敷かれた。1657年、第4代康熙帝によって奉天府が設けられ、以来、瀋陽は奉天の名前で呼ばれるようになった。清朝発祥の地として漢族などの移住が禁じられていたが、19世紀に

遼寧省

なるとヨーロッパ人も多く瀋陽に進出した。

近代「奉天」

1895年、日清戦争で清が日本に敗れると、東北地方は中国に進出する列強諸国の思惑が交錯する地となった。1898年、ロシアは清朝に大連、旅順へ通じる鉄道の建設を認めさせ、旧市街西側に瀋陽駅と付属地がもうけられた。1904〜05年の日露戦争では瀋陽全域が奉天会戦の激戦地となり、勝利した日本はロシアから鉄道と付属地を獲得して、瀋陽に進出した。一方で1911年の辛亥革命以後、軍閥張作霖が瀋陽に

▲左　清朝、張作霖、日本と主を変えてきた。　▲右　渾南新区に立つスタジアム、街は東西南北全方向に拡大している

拠点を構えて、東三省を支配した。日本は張作霖を支援することで権益の拡大をはかったが、張作霖が反日的な行動をとるようになったことから、1928年に張作霖を爆殺。やがて1931年に瀋陽郊外の柳条湖満鉄爆破事件から1932年の満州国建国へつながっていた。

現代「瀋陽」

1949年に中華人民共和国が成立すると、ソ連の援助や計画経済のもと瀋陽は、中国屈指の重工業都市という性格を維持していた。一方で20世紀末になると改革開放が遅れて経済

CHINA
遼寧省

が停滞し、大型国有企業が赤字を出すことから東北現象という言葉が聞かれるようになった。こうしたなか、21世紀に入って、瀋陽市街の東西南北に位置する開発区の整備が進んでいる。くわえて瀋陽から距離の近い遼寧省中部の都市群で瀋陽経済圏をつくり、珠江デルタ、長江デルタ、渤海湾経済圏に続く経済圏を構成するようになった。

Shenyang

城市のうつりかわり

参考文献

『ヌルハチの都 満洲遺産のなりたちと変遷』(三宅理一 / ランダムハウス講談社)

『図説「満洲」都市物語』(西沢泰彦 / 河出書房新社)

『奉天と遼陽』(鴛淵一 / 冨山房)

『中国朝鮮族を生きる』(戸田郁子 / 岩波書店)

『満蒙全書』(南滿洲鐵道株式會社社長室調査課 / 満蒙文化協會)

『朝鮮・満洲史』(稲葉岩吉・矢野仁一 / 平凡社)

『世界大百科事典』(平凡社)

[PDF] 瀋陽地下鉄路線図 http://machigotopub.com/pdf/shenyangmetro.pdf

[PDF] 瀋陽空港案内 http://machigotopub.com/pdf/shenyangairport.pdf

まちごとパブリッシングの旅行ガイド
Machigoto INDIA , Machigoto ASIA , Machigoto CHINA

【北インド - まちごとインド】

001 はじめての北インド
002 はじめてのデリー
003 オールド・デリー
004 ニュー・デリー
005 南デリー
012 アーグラ
013 ファテープル・シークリー
014 バラナシ
015 サールナート
022 カージュラホ
032 アムリトサル

【西インド - まちごとインド】

001 はじめてのラジャスタン
002 ジャイプル
003 ジョードプル
004 ジャイサルメール
005 ウダイプル
006 アジメール（プシュカル）
007 ビカネール
008 シェカワティ
011 はじめてのマハラシュトラ
012 ムンバイ
013 プネー
014 アウランガバード
015 エローラ
016 アジャンタ
021 はじめてのグジャラート
022 アーメダバード
023 ヴァドダラー（チャンパネール）
024 ブジ（カッチ地方）

【東インド - まちごとインド】

002 コルカタ
012 ブッダガヤ

【南インド - まちごとインド】

001 はじめてのタミルナードゥ
002 チェンナイ
003 カーンチプラム
004 マハーバリプラム
005 タンジャヴール
006 クンバコナムとカーヴェリー・デルタ
007 ティルチラパッリ
008 マドゥライ
009 ラーメシュワラム
010 カニャークマリ
021 はじめてのケーララ
022 ティルヴァナンタプラム
023 バックウォーター（コッラム〜アラップーザ）
024 コーチ（コーチン）
025 トリシュール

【ネパール - まちごとアジア】

001 はじめてのカトマンズ
002 カトマンズ
003 スワヤンブナート

004 パタン
005 バクタプル
006 ポカラ
007 ルンビニ
008 チトワン国立公園

【バングラデシュ - まちごとアジア】

001 はじめてのバングラデシュ
002 ダッカ
003 バゲルハット（クルナ）
004 シュンドルボン
005 プティア
006 モハスタン（ボグラ）
007 パハルプール

【パキスタン - まちごとアジア】

002 フンザ
003 ギルギット（KKH）
004 ラホール
005 ハラッパ
006 ムルタン

【イラン - まちごとアジア】

001 はじめてのイラン
002 テヘラン
003 イスファハン
004 シーラーズ
005 ペルセポリス
006 パサルガダエ（ナグシェ・ロスタム）
007 ヤズド
008 チョガ・ザンビル（アフヴァーズ）
009 タブリーズ
010 アルダビール

【北京 - まちごとチャイナ】

001 はじめての北京
002 故宮（天安門広場）
003 胡同と旧皇城
004 天壇と旧崇文区
005 瑠璃廠と旧宣武区
006 王府井と市街東部
007 北京動物園と市街西部
008 頤和園と西山
009 盧溝橋と周口店
010 万里の長城と明十三陵

【天津 - まちごとチャイナ】

001 はじめての天津
002 天津市街
003 浜海新区と市街南部
004 薊県と清東陵

【上海 - まちごとチャイナ】

001 はじめての上海
002 浦東新区
003 外灘と南京東路
004 淮海路と市街西部
005 虹口と市街北部
006 上海郊外（龍華・七宝・松江・嘉定）
007 水郷地帯（朱家角・周荘・同里・甪直）

【河北省 - まちごとチャイナ】

001 はじめての河北省
002 石家荘
003 秦皇島
004 承徳
005 張家口
006 保定
007 邯鄲

【江蘇省 - まちごとチャイナ】

001 はじめての江蘇省
002 はじめての蘇州
003 蘇州旧城
004 蘇州郊外と開発区
005 無錫
006 揚州
007 鎮江
008 はじめての南京
009 南京旧城
010 南京紫金山と下関
011 雨花台と南京郊外・開発区
012 徐州

【浙江省 - まちごとチャイナ】

001 はじめての浙江省
002 はじめての杭州
003 西湖と山林杭州
004 杭州旧城と開発区
005 紹興
006 はじめての寧波
007 寧波旧城
008 寧波郊外と開発区
009 普陀山
010 天台山
011 温州

【福建省 - まちごとチャイナ】

001 はじめての福建省
002 はじめての福州
003 福州旧城
004 福州郊外と開発区
005 武夷山
006 泉州
007 廈門
008 客家土楼

【広東省 - まちごとチャイナ】

001 はじめての広東省
002 はじめての広州
003 広州古城
004 天河と広州郊外
005 深圳（深セン）
006 東莞
007 開平（江門）
008 韶関
009 はじめての潮汕
010 潮州
011 汕頭

【遼寧省 - まちごとチャイナ】

001 はじめての遼寧省
002 はじめての大連
003 大連市街
004 旅順
005 金州新区

006 はじめての瀋陽
007 瀋陽故宮と旧市街
008 瀋陽駅と市街地
009 北陵と瀋陽郊外
010 撫順

【重慶 - まちごとチャイナ】

001 はじめての重慶
002 重慶市街
003 三峡下り(重慶〜宜昌)
004 大足

【香港 - まちごとチャイナ】

001 はじめての香港
002 中環と香港島北岸
003 上環と香港島南岸
004 尖沙咀と九龍市街
005 九龍城と九龍郊外
006 新界
007 ランタオ島と島嶼部

【マカオ - まちごとチャイナ】

001 はじめてのマカオ
002 セナド広場とマカオ中心部
003 媽閣廟とマカオ半島南部
004 東望洋山とマカオ半島北部
005 新口岸とタイパ・コロアン

【Juo-Mujin(電子書籍のみ)】

Juo-Mujin 香港縦横無尽
Juo-Mujin 北京縦横無尽
Juo-Mujin 上海縦横無尽

【自力旅游中国 Tabisuru CHINA】

001 バスに揺られて「自力で長城」
002 バスに揺られて「自力で石家荘」
003 バスに揺られて「自力で承徳」
004 船に揺られて「自力で普陀山」
005 バスに揺られて「自力で天台山」
006 バスに揺られて「自力で秦皇島」
007 バスに揺られて「自力で張家口」
008 バスに揺られて「自力で邯鄲」
009 バスに揺られて「自力で保定」
010 バスに揺られて「自力で清東陵」
011 バスに揺られて「自力で潮州」
012 バスに揺られて「自力で汕頭」
013 バスに揺られて「自力で温州」

【車輪はつばさ】
南インドのアイラヴァテシュワラ寺院には建築本体に車輪がついていて寺院に乗った神さまが人びとの想いを運ぶと言います。

- 本書はオンデマンド印刷で作成されています。
- 本書の内容に関するご意見、お問い合わせは、発行元の
  まちごとパブリッシング info@machigotopub.com までお願いします。

まちごとチャイナ

遼寧省006はじめての瀋陽
〜「マンチュリア」最大の都市へ [モノクロノートブック版]

2017年11月14日　発行

著　者	「アジア城市（まち）案内」制作委員会
発行者	赤松　耕次
発行所	まちごとパブリッシング株式会社 〒181-0013　東京都三鷹市下連雀4-4-36 URL http://www.machigotopub.com/
発売元	株式会社デジタルパブリッシングサービス 〒162-0812　東京都新宿区西五軒町11-13 清水ビル3F
印刷・製本	株式会社デジタルパブリッシングサービス URL http://www.d-pub.co.jp/

MP159

ISBN978-4-86143-293-4 C0326　　　Printed in Japan
本書の無断複製複写 (コピー) は、著作権法上での例外を除き、禁じられています。